Este libro es dedicado a mis hijos- Mikey, Kobey Jojo.

Copyright © 2022 Grow Grit Press LLC. Todos los derechos reservados. Ninguna parte de este libro puede ser reproducida en ninguna forma sin el permiso por escrito de la editorial. Por favor, envie solicitudes de pedido al por mayor a growgritpress@gmail.com 978-1-63731-360-2 Impreso y encuadernado en los Estados Unidos. NinjaLifeHacks.tv

Ninja Life Hacks™

Curiosidad
Colección
Conexión
Creación

La Ninja Enfocada sacó un pequeño cuaderno. En él, había un círculo colorido.

La curiosidad significa un fuerte deseo de saber o aprender algo.

Aquí hay algunas maneras en que me quedo curioso:

Es genial experimentar cosas nuevas. Aquí está una lista de mi **colección** de experiencias:

La conexión ocurre cuando conectas los puntos o experiencias en tu vida de alguna manera. Por lo general, implica mucho pensamiento, imaginación y tal vez incluso un poco de aburrimiento.

Por ejemplo, en la clase de arte del otro día, estaba pensando en qué dibujar. La Sra. Johnson dijo que podíamos dibujar lo que quisiéramos. Pensé en cómo me encantaba visitar el Parque Nacional de Yellowstone el año pasado, y luego pensé en lo que aprendimos cuando mezclamos colores primarios juntos. <<¿Cómo puedo conectar esos dos?>> , me pregunté.

La creación ocurre cuando creas algo que es únicamente tuyo a partir de la combinación de tu conocimiento, experiencias y habilidades.

Una semana después, estábamos sentados en el mismo lugar. Le mostré a la Ninja Enfocada en lo que estaba trabajando.

...que añadí a mi colección de experiencias y conocimientos.

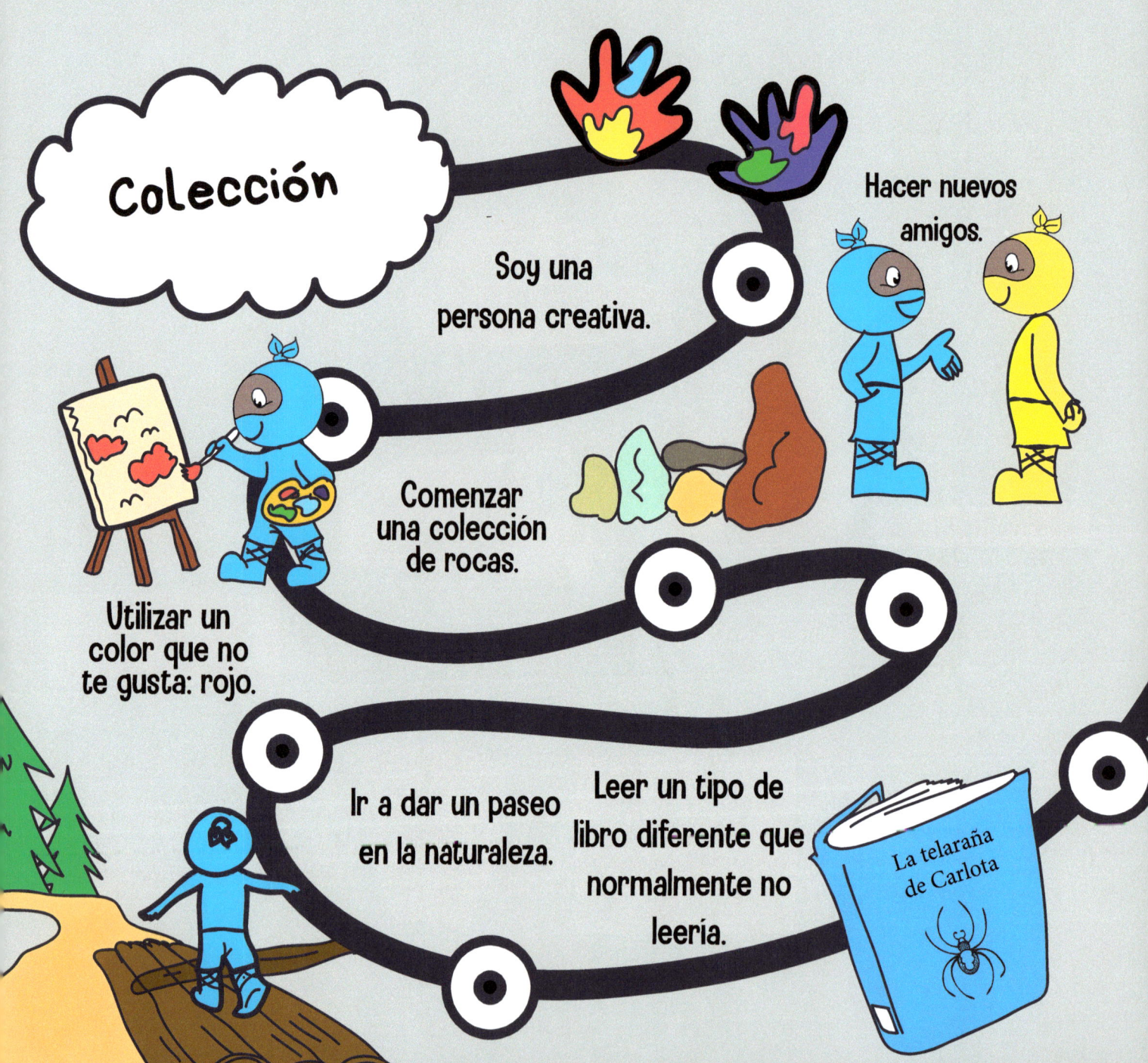

Luego **conecté** algunas de mis experiencias. Por ejemplo, en la clase de lectura, acabamos de aprender cómo volver a contar una historia.

Y como la señora Johnson quería que hiciéramos algo relacionado con el pavo...

¡Yo creé esta mano de pavo!

Sí, parece que te está yendo bien con los 4 Cs. ¡Impresionante!

- Entorno
- Personajes
- Problema
- Eventos
- Solución

Creación

Asentí felizmente.

¡De verdad que funciona!

¡Visita ninjalifehacks.tv para obtener imprimibles divertidos gratis!

@marynhin   @GrowGrit
#NinjaLifeHacks

Mary Nhin   Ninja Life Hacks

Ninja Life Hacks

@ninjalifehacks.tv